AF587470

NORD- UND WESTEUROPA

Belgien
Pfingstrose M, S

Dänemark
Begonie, Bergrose

Finnland
Iris

Frankreich
Narzisse
BEFRA* Partner V (Wicke)

Griechenland
Melisse N, S

Großbritannien
Aster
BEFRA* Partner IV (Farn)

Italien
Schneeglöckchen N, S

Luxemburg
Eisenhut

Niederlande
Koriander
(Kresse N, S, H, L, MAR)

Norwegen
Gladiole M, S

Österreich
Chrysantheme Mil, Pol

Portugal
Weißdorn M, P, S

Schweden
Dahlie (Salbei, Mohn)

Schweiz
Sternanis M, T, S, L

Spanien
Flieder

Türkei
Hanf M, P, N, S

Zypern
Raps S

NAH-/MITTELOST

SCHWARZAFRIKA

AMERIKA

USA
Hortensie I-III, Klematis
BEFRA* Partner II-III (Hortensie)

FERNOST

*BEFRA = Befragungsstellen für Asylbewerber, Aus- und Übersiedler in der Bundesrepublik.